JN078271

ネコとの語らい

深見東州
Toshu Fukami

TTJ・たちばな出版

あなたの心に響く言葉たち
深見東州の名言集

この詩集は、求道者である著者が
26歳から28歳の3年間
己に言いきかせつつ
精進に励んだ魂の足跡である。

簡単そうで一番難しいものが、
一日も怠らずに、神仏に祈念する
朝を迎えることである。

神を祈りて神が聞かぬことはない。
皆で祈れば祈るほど、事は早く成就するなり。

山を見て、美しいなと感動して言葉も出なくなった時が、自分の気持ちの故郷である六次元を押し開けている時である。

六次元■人の知覚できる上限の神界。

暑いときから寒さはあり、
涼しいときから心暖まるものがめばえる。
それは、ゆかしい人にしかわからぬ
天の進化の妙なり。

飛ぶ鳥は物を案じわずらうことなく、
咲く花は、人を疑うことなく、
手《た》折《お》られても、それで文句を言うことはない。
それより他に、人を幸せにすることを知らぬ、鳥よ花よ。
そのままが、神の化身の姿に相違ない。

どうしても神と話がしたいのなら、
さえずっている鳥にされよ。
神の姿がどうしても見たくば、山の姿、海の姿、
花々の笑顔を見られよ。
それでもなお神のことがわからねば、
思い切って人を信じ愛してみられよ。
その気持ちが神心に等しい。
神は知るものではない。
ただ恋してさえいればいいものなり。
それが神と人との本来の姿なり。

恋愛も親子の愛も、この一端を告げるものである。
恋しい、なつかしい、親しい、ふるさとを求めるかなしみ、
全ては神と人との間ができて以来、
人に残った魂のなごりの感覚なり。
これは、人の心にいつも宿っている古代のなごりであり、
六次元神界を今一度もとめる人の本能である。

神の喜ぶことは
人の喜ぶことである。

遠き世界に神居まさず
人の世界に神はある。
人の世界のしがらみは
人がみずから作りしこと。
なんぞ神をのろうことあらん。

安心せよ、神は身の内にあり。
どこにも逃げず離れぬものなり。
ただ忘れていたか、無意識だったがために、
見い出せなかっただけである。

人間とは神の化身であり、神の息吹きであり、
神の心である。
心の中を見よ。人類の歴史を見よ。
いくつものヒントがあり、
そこに神の姿とドラマに顕われでた神の心や教えを知るで
あろう。

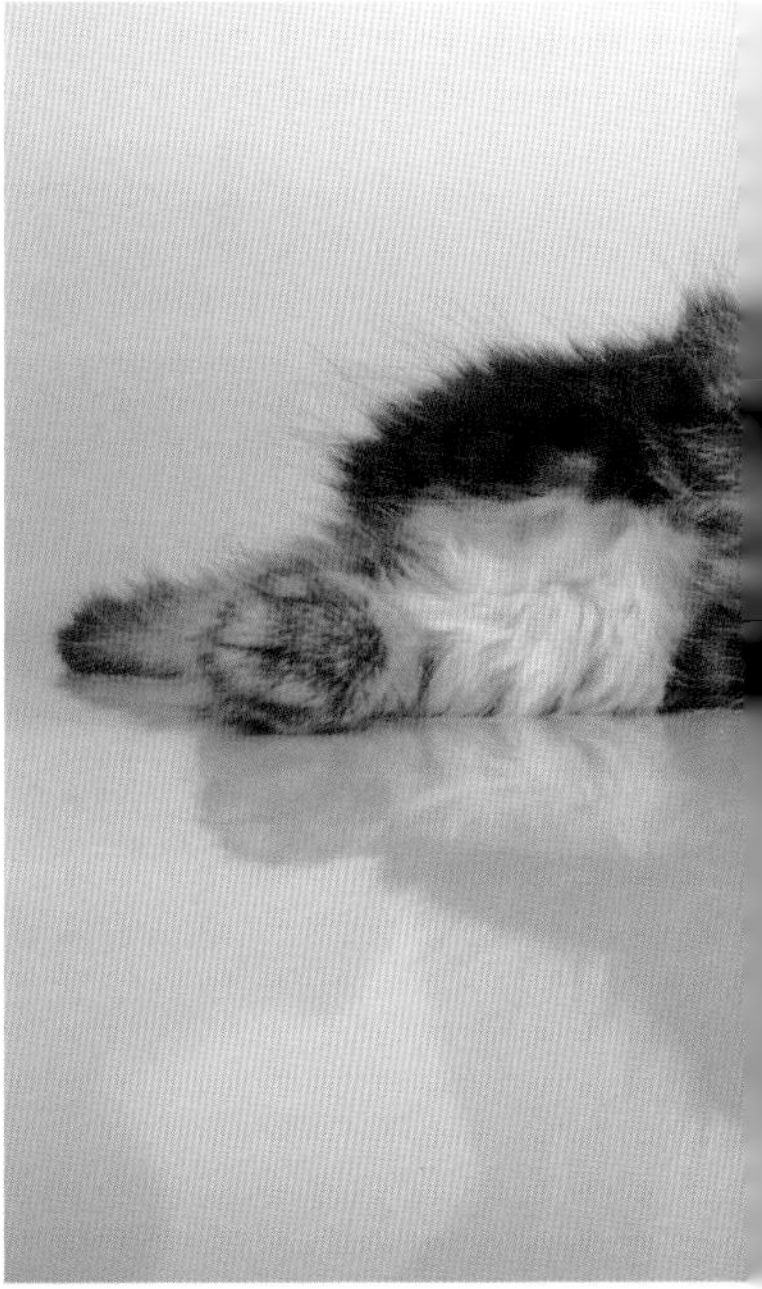

人間にあることを
知ろうとするならば、
歴史を見よ。
やれば出来るぞ、
過去に誰かがしたことは。

新たなるものに古きものを見出し
古きものに新しきものを見出す
これ明天通なり。
古きものに道があり
新しきものに栄えがある
古きと新しきをたばぬるは
全覚の智者
全天の認証するところなり。

人間の妙なる悟りや知恵とは
ほとんどが高貴なる書物を精読した後に
触発されて出てくるものである。
それを研鑽の第一となせ
高貴なる書物を読んでも
なんの知恵も浮かんで来ぬのは
蓄積が足りないからである。
焦るに及ばず
高貴なる書物とは
名文であり明智であり、

明解であって
著者の生き様が立派で
尊かった書物である。

習作を繰り返して初めて大作が仕上がる
習作の労を惜しむなかれ。

心配は御無用。
人間はいつでもどこでも勉強する時間をもっています。
場所もあります。
ただそれを見つけられない人が多いだけです。

知っていることと知らないことをはっきりさせるのは、
学問の始めであり、
それは謙譲の美を体得している人によってはじめてなされる。

知らないことが解るようになった。
それだけで、大いなる御魂の向上である。

もっと解るようになりたい。
それだけで、大いなる求道心である。

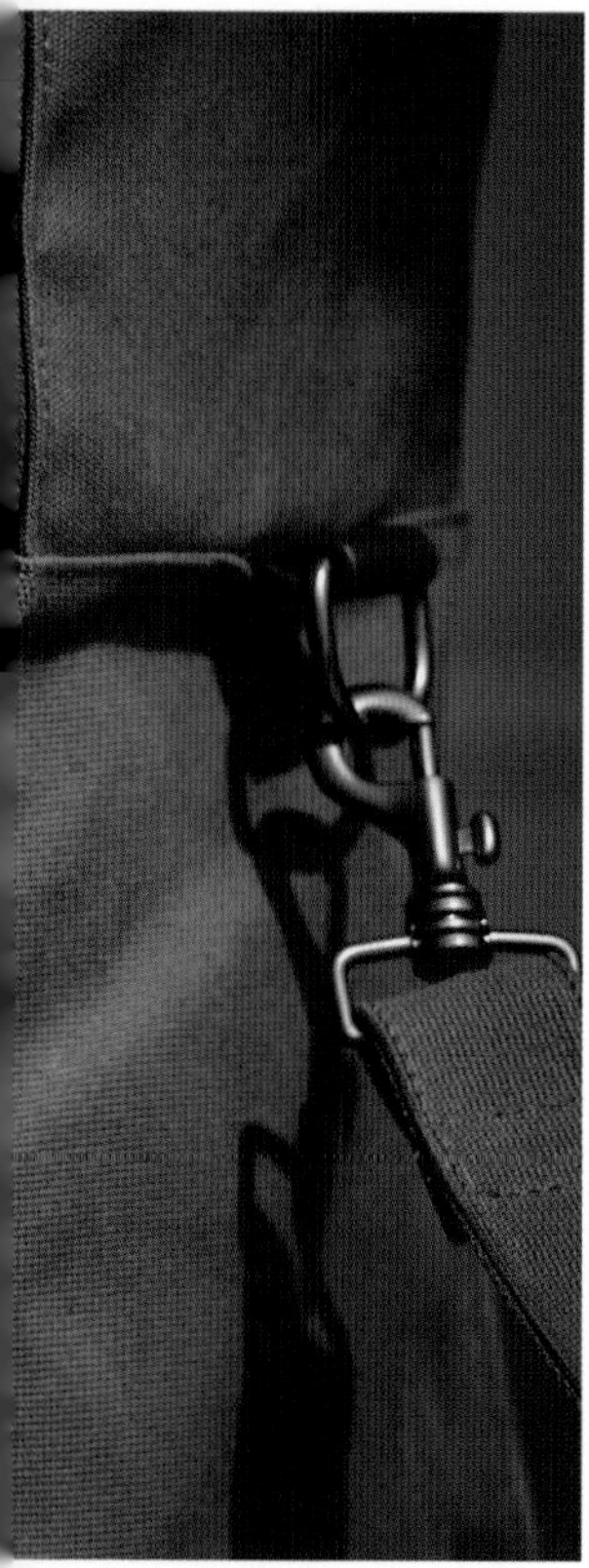

もっと偉大な人物になるように己《おのれ》を磨きたい。
それだけで立派な神人合一の道を歩んでいる。

悟りとは何か。覚悟である。
死者も生者も道を悟り、
天意を悟ることが出来ぬのは、
覚悟が甘いからである。
覚悟の最上のものとは何か。
我を捨てることである。
人間は皆小さな我にとらわれて、
慈悲も協調も透徹した精進もできぬのである。
我とは小心と考えてよい。
小心なるが故に、人が許せず、
小心なるが故に、大局から見て必要な時に、
自己の主張を没することができぬのである。

大心なれば人を許容し、
己を没するときには見事に没して、
精神と生き様の真価を発揮することができる。
まずは、なまくらから追い出せ。
小悟に安住している己をたたき出すのじゃ。
悟りなきところ、信仰も神業《しんぎょう》もなきものぞ。
悟りなきところ、進歩も向上もなきものぞ。
進歩と向上なきところ、
生まれ来たった意味もなきものぞ。
さぁ、汝は何を悟り、何を覚悟するのじゃ。
言うてみろ、言うてみろ。

年を取って情熱のない人は、
信仰をしていても、
神の愛を常に受けている人とは言えぬ。

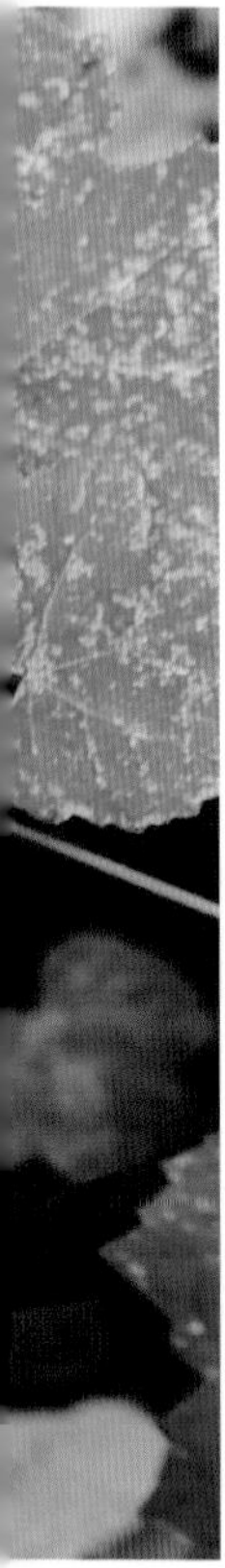

老化するのは
冒険心がなくなるのが原因である。
冒険心がなくなると、老化する。
健康と体力は、気力と精神力との結実である。
気力と精神力とは、
冒険心によってこそ生み出されるのだ。
冒険せよ、冒険せよ。
勇猛の自己を失うなかれ。
頭の老化より、霊体が輝きを失い、
御魂が退化する方が問題である。

何のために生まれてきたのかを、
日に実感していたら分かるはずだ。
冒険心とは、
未知のことへのチャレンジであり、
不可能と思えるおじけ心と、
面倒だと感じる心を超える、
御魂の力の発動である。

知足安分は六十からでよい。
それまではただ積極果敢たれ。

精神統一は瞑想にふけってなされるのではない。
生活を通し、芸術を通し、
真諦に達するまでの肝ねりでなされるものなり。

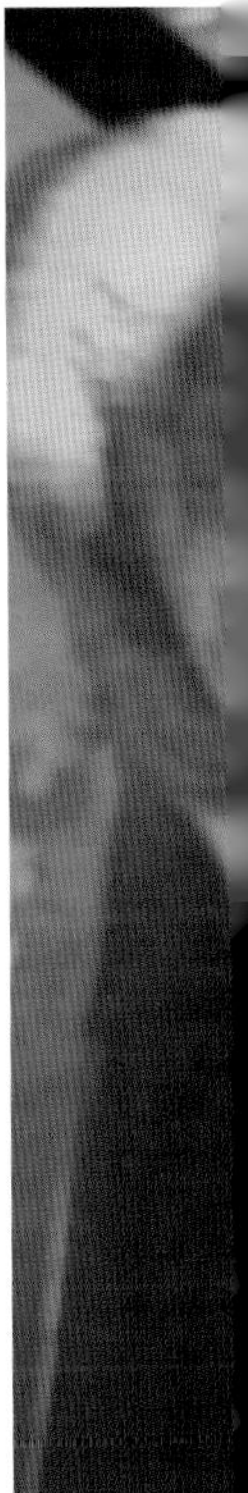

何事も好意的に受け取って、
神様に感謝する材料をさがす。
日々の生活修業は、
受け取り方の修業である。

自分の身のまわりにこそ
全ての解答があり、
全ての指針がある。

発見というのは、
見つけようとしてできるものではない。
その探求の態度を神は見て、
パッと覚らせていただく。
是れ妙智と言うなり。

やっぱり自分の身の内から出た言葉でなくば、
魂が入っている言葉とは言えない。
正しい言葉は、常に自分が経験し、体得できている言葉である。

用心せねばならないのは、常に今の心である。
萬《よろず》の行いを正し、萬の言葉をつつしみ、
いつも心に太陽のかがやきと、
月のロマンを持つべし。
人に対しては、
月の光の如き柔らかな思いやりと、
時には静月をいっそう静かにするために、
嵐を呼び、雷雨にまじりて神《しん》を入れる喝が要る。
滞《とどこお》っている有明けの月の雲霧《くもきり》は、
風神によってふり払うのである。

こうして、人と人とが天地の風情《ふぜい》と相合して
古きを知り、
新しき日々にわれを改めてゆくことができる。

天は二物を与えずとか、
人は生まれながらに
定まった宿命をもつ、とか言われているが、
本当は、全て前世で培った分だけしか
天賦の才として備らない。

人をうらやむな。
前世の貯えが異るだけだ。
今世磨けば、その分だけ功徳が備わり、
来世までも持ち越されるなり。
来世に持ち越しが可能なものは、
信仰、芸術、学問である。

自在とは、いかなる品《しな》の人とも心地良く
楽しく付き合う柔軟な品性を言う。

尽くしたらそのあとを追憶する人多し。
報われぬことをなげく人さらに多し。
それは、自分を捨てて愛そのものになりきっていないからである。

色々あっても神とともに生きる人間は
全ての結果が吉になることを信ぜよ
まさに神はそのように守護しているなり。

焦燥が全ての災いを出だすなり
乱言、乱行、乱動、みな焦りによりて出ず。

玉磨かざれば光らず
磨きすぎればすり切れるなり
どこを適当とするや
玉磨くにも強弱のアクセント
弛急自在のリズムがいるのである。

善悪正邪をそのままにしておく人が、
事なかれ主義の人である。

整理整頓が最も大切。
心の整理を修業するからなり。

何事も中途半端は神きらう。
徹底的に遊ぶのも仕事。

適当にやれば結果は杜撰《ずさん》なり。
真剣不乱な日々に幸《さち》あり。

どこが悪いということはないが、
どこがいいともいえない。
こんな時は最も危険なときである。
ひたすら物に打ち込むまで
魂は眠っているぞ、
という警告である。

ぐずぐず不足が出たり愚痴っぽくなるのは、
今なすべきことがらに

身も心も懸命に
励んでいないからである。

自分の今のだらだらした気持ちや心を
自分の性質だと思っている。
その自分は、
次の瞬間にたちまち消えてしまうものなのだ。
自己の革新とは、それを信じなければできるものではない。

やっぱりあいつはだめな奴。
そう思われるのは、投げやりになる人柄である。

注力散漫なれば事為らず。
万事に注力の集中こそが大切である。
どうすれば注力の集中が為されるか。
それは、
興味と関心のあることから
深く掘り下げて行けばよいのである。

努力してただできると思うなよ。
人間とは勝手なもので、
自分が努力した分だけ
進歩するものだと思っている。
そうではない。
誠がいる。
愛がいる。
工夫がいる。

人をたよりとせず、神をたよりとし、
みずからの努力で切り抜けて行け。
弱気即ち邪気なり。

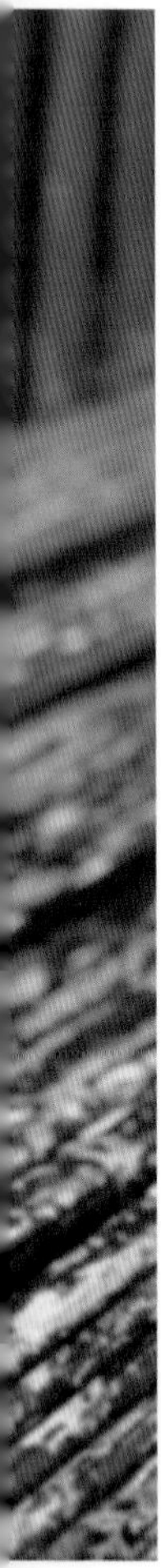

慎み深くして勇猛果敢、
これが本当である。

名は出すものにあらず
おのずから出《い》ずるものなり。

女性が最初の赤ちゃんを生んだ後に
もっともすばらしくなるのは、
ただひたすら神を行《ぎょう》じているからである。
赤ちゃんが飲み易いように
ミルクを温め、風呂に入れ、
夜に起きてワンワン泣いても
健康な証拠だからかわいい。
おもらししたかなと気配りし、
発熱しているのかなと心配したりする。

郵便はがき

料金受取人払郵便

荻窪局承認

8132

差出有効期限
2026年3月
31日まで
（切手不要）

167−8790

（受取人）
東京都杉並区西荻南二丁目
20番9号 たちばな出版ビル

（株）TTJ・たちばな出版

「ネコとの語らい」係行

フリガナ		性別	男・女
お名前		生年月日	年　月　日
ご住所 □□□-□□□□		TEL　（　）	
ご職業	□ 会社員・公務員 □ 会社役員 □ 自営業 □ 学生（小学・中学・高校・大学（院）・専門学校）	□ 主婦 □ パート・アルバイト □ その他（　）	

アンケートハガキを送るともらえる開運プレゼント！ 毎月抽選

パワースポット巡り
DVD

&

パワーストーン・ブレスレット

（女性用）
サンストーン・金・パールは
最強の組合せ！

（男性用）
魔を払い、願いが叶いやすくなる！

プレゼント付き

読者アンケート

「ネコとの語らい」

★ 本書をどのようにしてお知りになりましたか？

①広告で（媒体名　　　　　　　　　　　）　②書店で実物を見て

③人にすすめられて　④インターネットで見て

⑤書店での手相占いフェアで　⑥その他（　　　　　　）

★ 本書をお買い上げの動機はなんですか？（いくつでも可）

①書店でタイトルにひかれたから

②書店で目立っていたから

③著者のファンだから

④新聞・雑誌・Web で紹介されていたから（誌名　　　　　　）

⑤人からすすめられたから

⑥その他（　　　　　　　　　　）

★ 本書をお読みになってのご意見・ご感想をお聞かせください。

★ ご感想・ご意見を広告やホームページ、本の宣伝・広告等に使わせていただいてもよろしいですか？

①実名で可　②匿名で可　③不可

ご記入いただきました個人情報は、DM 等による、弊社の刊行物・関連商品・セミナー・イベント等のご案内、アンケート収集等のために使用します。

ご協力ありがとうございました。

自分を忘れ、ただひたすら相手のことを思い、
愛念に満たされている。
他人に対しても、物に対しても、
かくの如くあれば即ち
神人合一せる人である。

甘えているうちが両親のある証し。
人に甘えず、神に甘える。
神を父と見、母と見るべし。

天真爛漫な人は世界の宝である。
その気持ちが天を楽しみ
喜びとしているからである。

叱られているうちが花。

芸術家であり、宗教家であり、文学者であり、
哲学者である凡人がいい。
世界狭しと活躍する国際人とは、そんな人である。

いやなことはいかに軽く言うか。
いい事はいかに重く、
本当にいいなと思えるように言うか。
それが極意である。

どんなに大変な時でも、
死ぬことを恐れなければ、
目の前にあるものは静なり。

むつかしい顔をしていると
むつかしいことがやってきて
簡単なことがわからなくなる。
神と人が一つであらば天真爛漫であり
ひとつひとつが生き生きとしている。
日本の魂はこれをもって徳とし、
人を化《か》する働きをもつなり。
太平の世とは大和の心の花咲く世であり、
神のことを喜び楽しむ世である。
それが足らぬ故

今までの競いやけんかがあったのである。
あらそいのなくなる世とは、
楽天のむねのぼたんをあけ放つ世なり。
神も人も天真爛漫のものがより本物である。
すばらしいものはむつかしいものや
あたまをひねる困難なものでないことを
知ったのが悟りである。

一切向かうことのみを思って、
過去を見るなかれ。
これが只今に生き、
御魂が強くなるこつである。

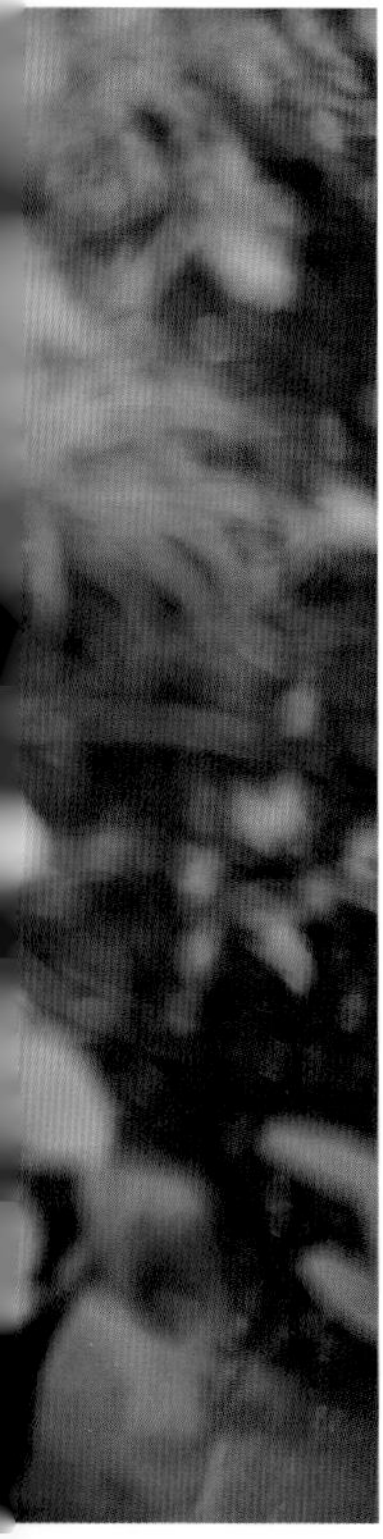

人形《にんぎょう》でないぞ。
皆心が宿っているぞ。
ものいう時は人に語らず、
心に語るようにせねば、
行き違いがあるぞ。
いつも心が心に玉をころがす想念で
はなしをされよ。

自分のことを知ってもらいたいのは
人の常である。
しかしその気持ちを持っているうちは
納得行く人生を全うできるものではない。
神様が知っていて下さり、
たった一人でもいい、
心ある人が見ていて下されば
それでいいのだ。

楽しき宴《うたげ》を催すには、大変な裏方の努力と工夫がいる。
これをやれる人が、本当に神を行《ぎょう》ずる人であり、
これを窺《うかが》い知る人が、愛のみがけた人である。

人知れず修めし修業、
人知れず為せし悪業、
全てを神は知る。
報徳と裁きのあるは、
平等の神徳なり。

宝を求めてはならぬ。
力徳相応にさずかるものだから。

行人《ゆくひと》来人《くるひと》回人《めぐるひと》
皆天地の配《はい》
悟るべし。

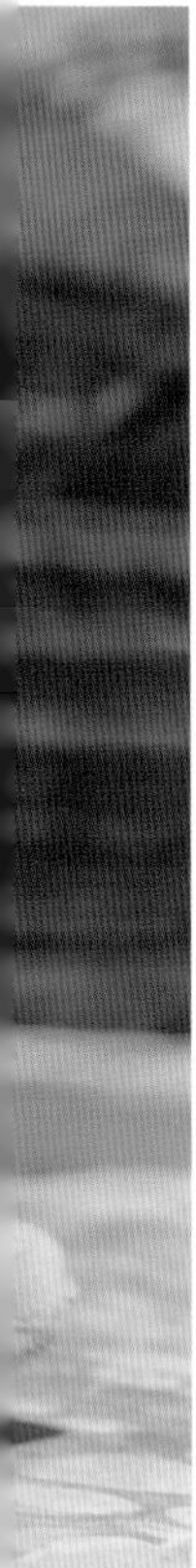

随分磨けたようでも、
大変な修業が多く残っている。
大きな気持ちを持つ修業。
小さなことに気を配る修業。
人の心をつかむ修業。
人の心にとらわれず、
冷静に為さねばならぬ
決断をする修業。

大悟徹底の人とは、一枚また一枚、今の個我の皮を
自分でぬいでいく人のことである。

本人が本人を取り締まる。
そんな人を育てるのが教育の務めである。

精進とは
持続力なり

世界中で自分一人になってもやり遂げるのだ、
という気持ちでなくば、人はついてこぬ。

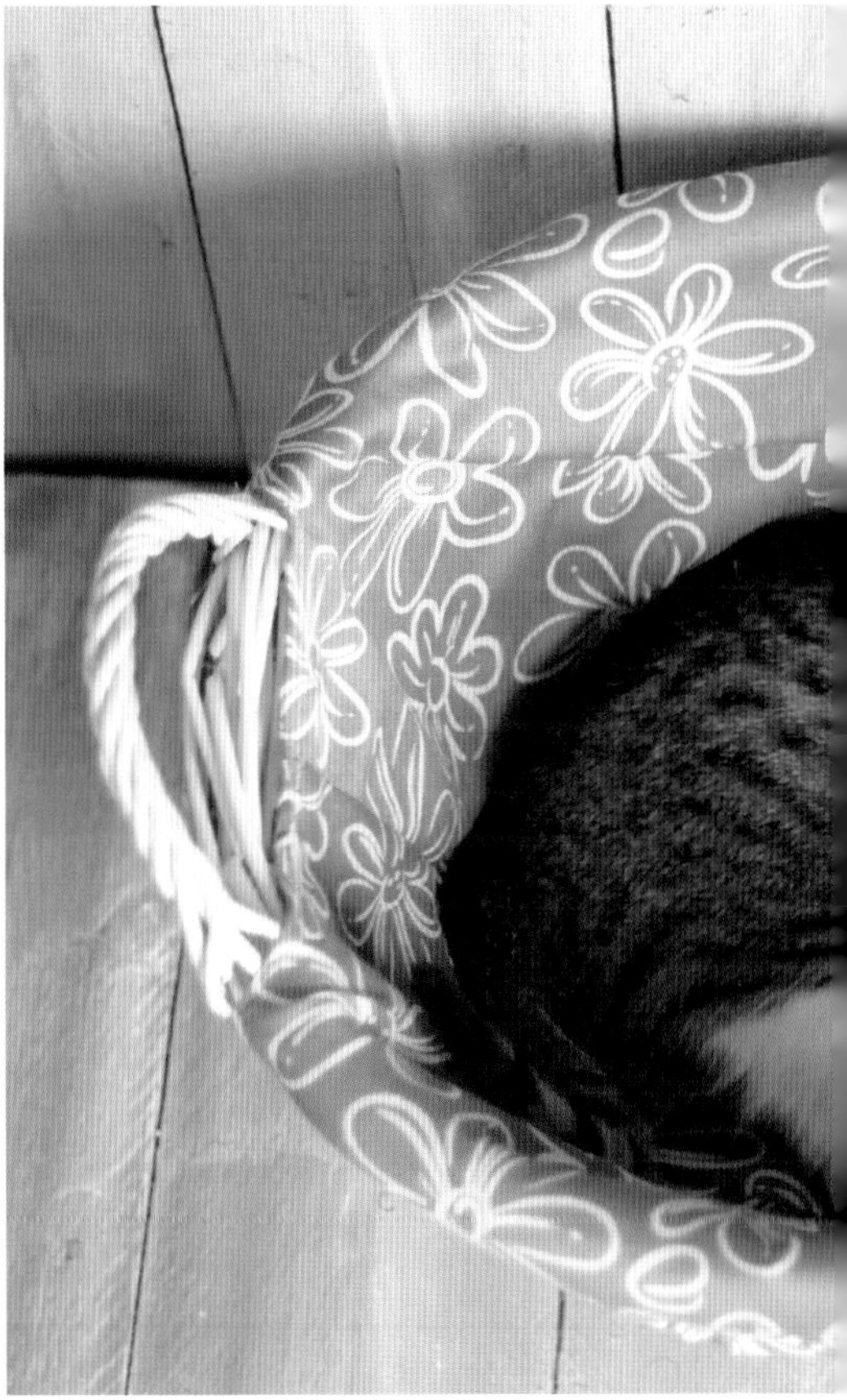

魂磨きの独り道は、
日々の生活を行う時の想念の行である。
修業というのは、
想念のもち方を、
いかに感謝と進歩のみにしてしまうかである。
それより他に修業といえるものはない。
その他の苦労は
自分を広げるための焼き入れやかざりであり、
その苦労自体なんの誇るべきものを有していない。
ただ自分の我が他人の我とぶつかったか、
一人よがりで苦労だと思い込んでいるだけである。

修業とは、
業（なりわい、ごう）をおさめると書き、
苦労とは、
労（今あることにつとめること）を
苦しむと書く。
その苦しさや辛さの正体は悪想念なり。
故に想念を工夫するよう改めつつ、
日々の生業に業を修めよ。
励んで励んで励み続け、
そうして今に生き続けるより他はない。
それが本当の魂磨きの人生である。

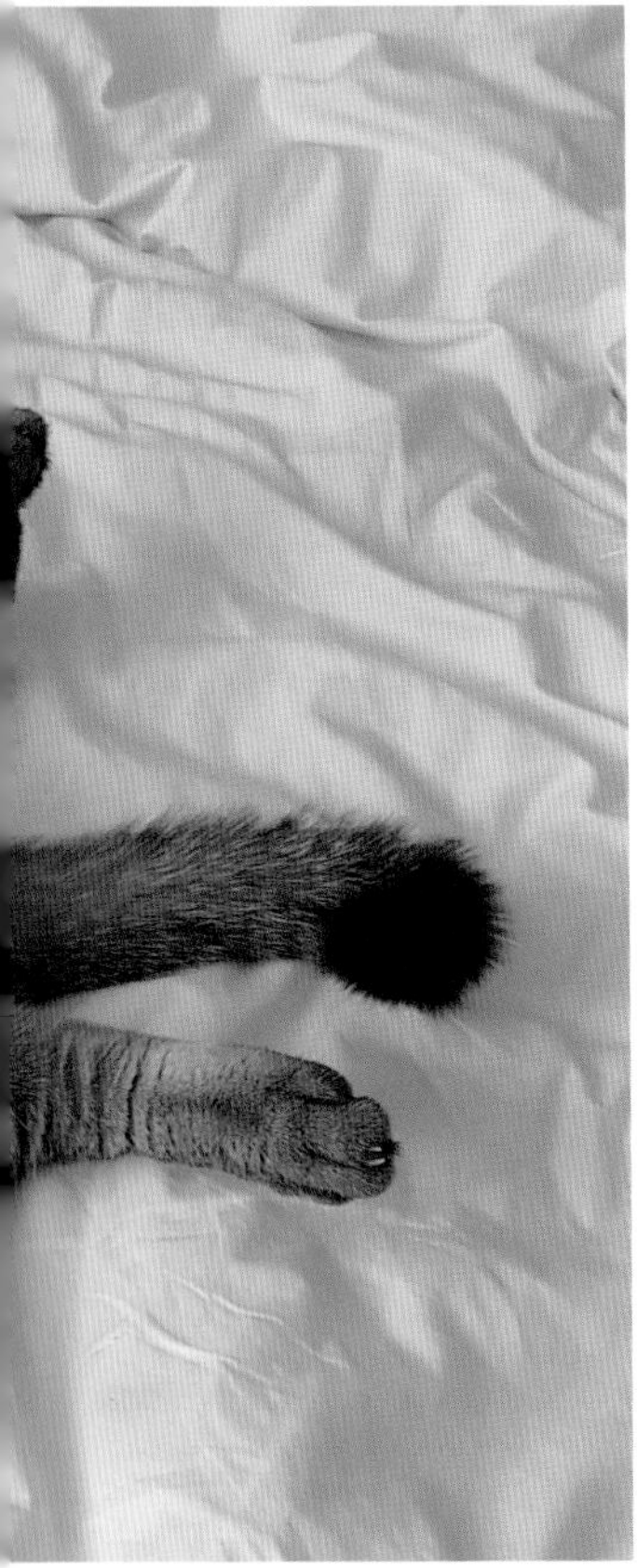

すすみては止まり、すすみては止まり、
ひとつひとつのたねを育てては収穫し、
また育んではつぎの種をまく。
これが信仰の成果を上げるサイクルである。

人の一生はとうてい人慮で推し測れるようなものではない。
それは一人で生みつづける生産活動である。
それで一生というなり。
一人とは〝ひのとり〟なり。
六次元の人はひのとりをたかめ育む人である。
ひのとりとは、「日」に向かって
ただ一羽になって大空《おおぞら》を飛びつづける心であり、
直《すぐ》なる魂《たましい》の真の姿なり。

天国か地獄かと聞かれたら
死んでみるまでわからんと言い
只今《ただいま》に全力を尽くす人が、神に愛されている人である。

神が嫌うのは、われよしである。
自分では気が付かないわれよしを、
見逃していることが最も恐ろしい。
そのわれよしのために自分は善人であると思い込み、
人をせめるからである。

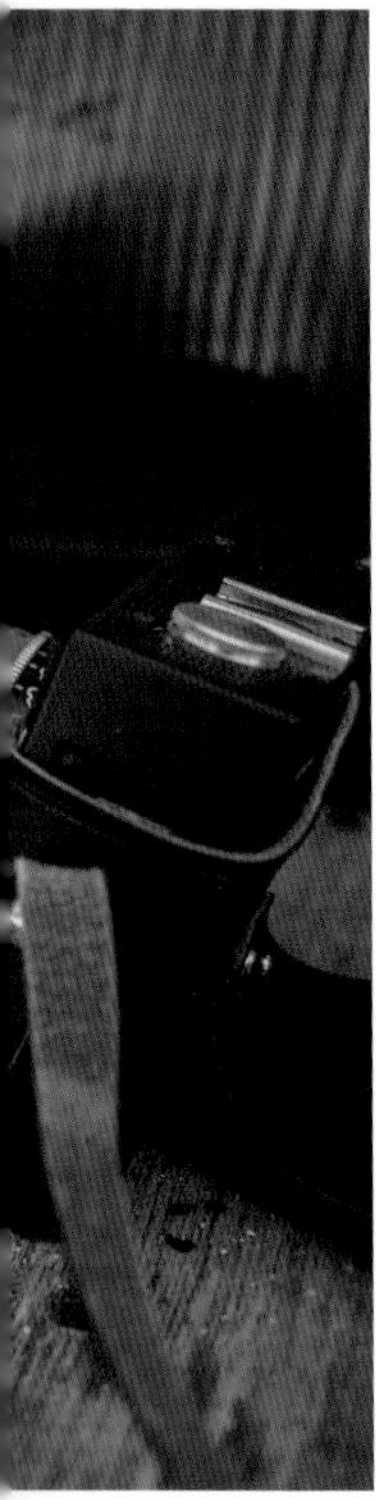

おじけとは、なにかの邪霊がさよって（憑霊《ひょうれい》すること）
いるのである。
それは我があるか慢心があるか、
いずれかの性格の影にすくうのである。

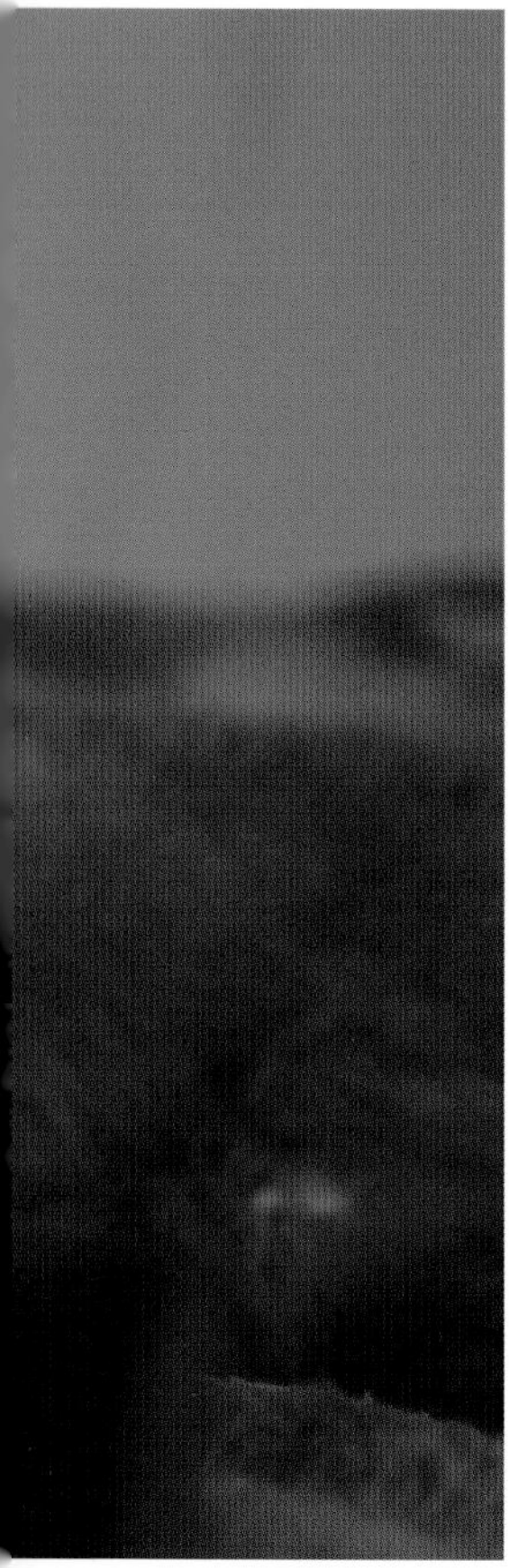

中途半端になっている仕事を、
一つ一つかたづけていくことが
修業であり、虚心であり、
非凡に至る道標《みちしるべ》というものである。

注力散漫なれば事為らず。
万事に注力の集中こそが大切である。
どうすれば注力の集中が為されるか。
それは、目的をはっきりとさせ、
目標を日々に
小さくくぎることからはじめることだ。
そして、自分を忘れる程に
楽しんだり喜んだりする
工夫を為せば良いのである。

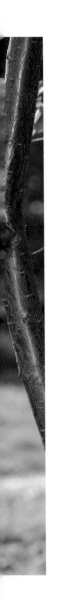

つくづく自分がいやになったとき、
「さあ、死んだ。自分はもう死んだ」
と思いこませ、その日は寝よう。
その翌朝、夜明けとともに新しい自分が蘇生するのである。

生きても死んでも同じだといつも念じ、
精一杯やるだけだと決意した時、
人に本当の度胸が生まれる。

やっぱりあいつはばかだと言われる。
逆にそんなとき、
あんなことを言う、ひどいばかがいるもんだと思ってい
ると、全てが平気になる。
増長にならぬ程の、他人の気に負けぬ心の位を持て。

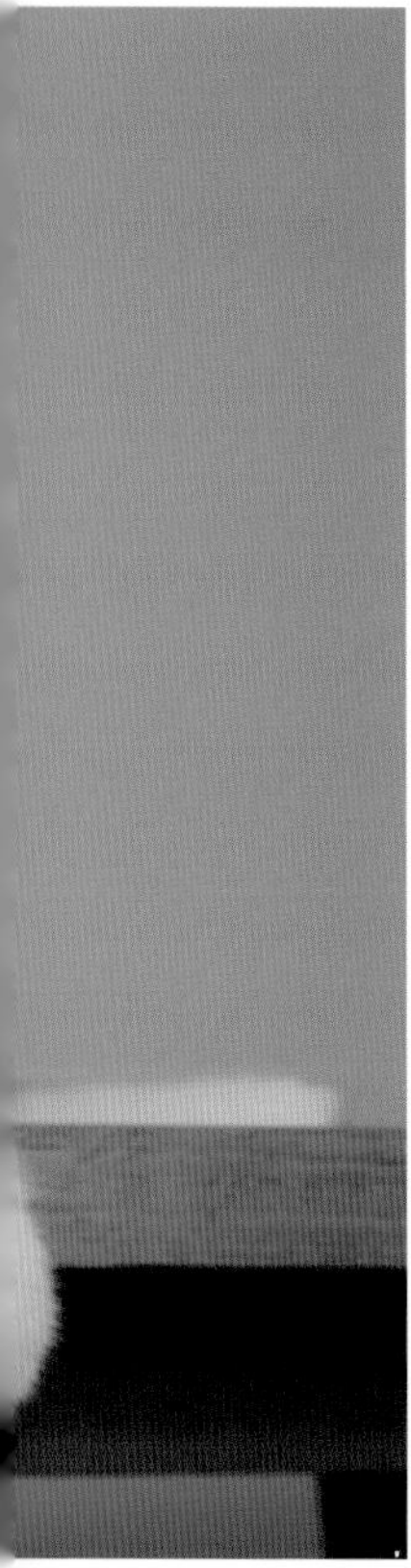

すごすごと頭をかかえ
「すみませぬ、自我がでておりました」
といって神に詫び、自己を振り返る。
それが神につかえる、まことの人の修業なり。

大変な人が来た。どうすれば良かろうか。
「ただただ相手に喜んでもらえればいい。」
咄嗟の時は神に祈ろう。
人と会う時、物事をする時、
常に自分をそう持っていくことで道は開けるものなり。
それは、自我をなくすのに最もすばらしいありかたであり、修業でもある。

人をあなどるな。
どんな達人がいるかもわからんぞ。
自分の考えや概念の押し付けが最も悪い。
色々なことを知って、
いろいろなことをわきまえておれど、
肝心な人を生かし、
人を育み、
人を生成化育する働きのないのは、 指導者とは言えぬ。
人を育み、
生き栄えさせるものは、
ただ観音自在の心とあり方である。

度を失うと全ての調和をなくすなり。

度と申すは、心の安定であり、
真理に基づいた精神と肉体のバランスのことである。

正しい行いをすると、正しい結果が出ずるなり。

不動の信念を持ちておれば、いついかなる時も度を失うことなし。

強い弱いと言われる精神の働きも、実はこの度の具合であり、度胸、度量、みなこの語から来ている。

いつも度を胸中深く蔵し、妙なる活動を行う人のことを、
大用を得たる人というなり。

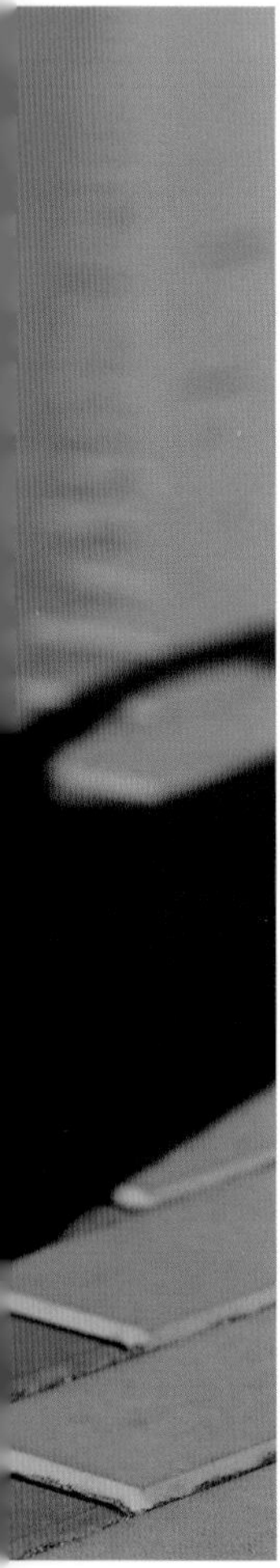

時をかまわず勉学に励め、
机がなくても、目があり、口があり、耳がある。
空気に字をかけば紙などいらぬ。
条件を創り変えて、やる気を持続させる修練が
むら気の人を自在にさせる。
やり方一つでマイナスがプラスになり、
プラスがマイナスになる。
良き知恵こそ宝なり。

つかれていると神（しん）がない。
不眠不休で働かねばならぬ時と、
じっくりと書に美術に遊ぶ時と、
弛急自在にして、いずれも楽しむ心がいる。

次元の違う本を読め
無駄な駄本は不要なり
天と日常から学べば
偉人、聖人、道始めの人となる。
人知を集むるなかれ
二級賢者となるなり

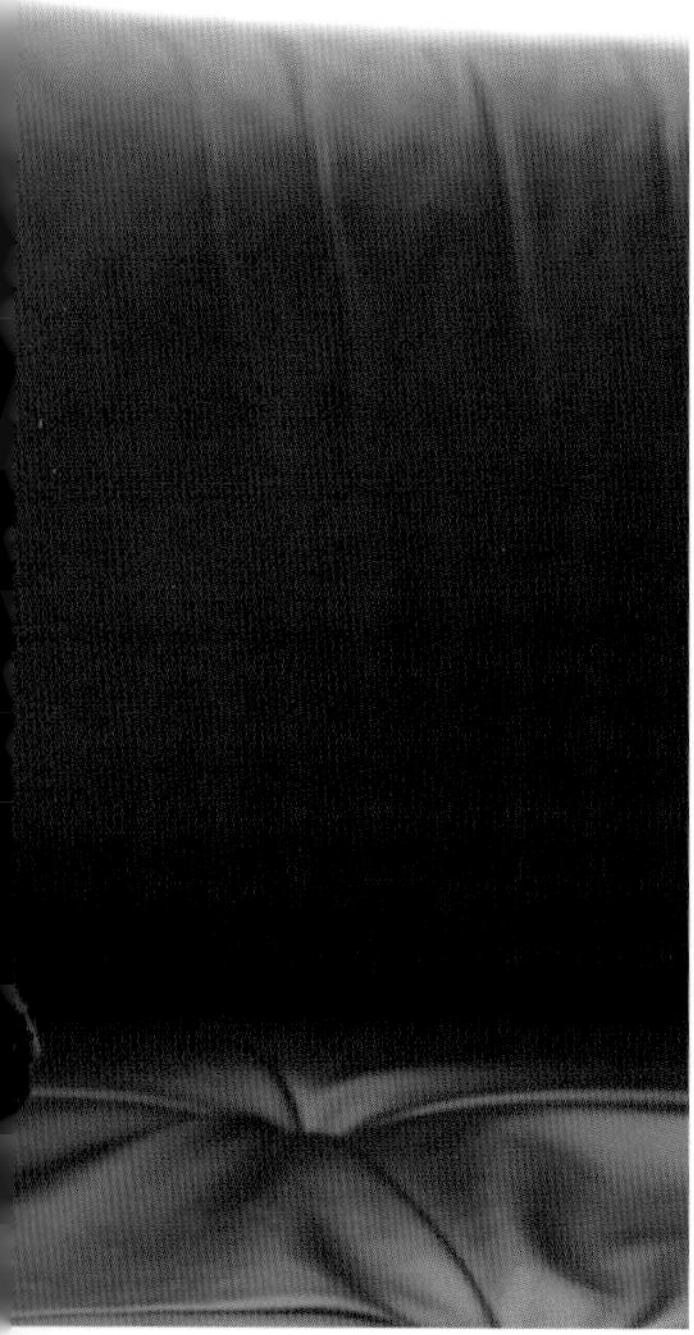

静と動を使い分けよ
過労を越える動の研鑽
休養の中に学びを深める静の研鑽
いずれも重要であり
長生の道もそこに備わるなり。

相乗の気について

一、互いの長所をさがそう、
たたえようとする心。相乗の気なり。

二、信頼し好意の念で相手を見つめる。
相乗の気の晋化なり。

三、愛し合う男女が、言わず語らず互いの気を覚る。
相乗の気の妙麗なり。

四、よく音楽を楽しみ舞に秀ず。
相乗の気の鍛錬なり。

五、丹精をこめて文字に意を乗せる。
相乗の気の応用なり。

六、神をめで、神をたたえて社に参らば、神託あらん。
相乗の気の神詣（もうで）なり。

本書は、平成八年、平成九年に発刊された
『神との語らい』⑴、⑵、⑶を
『ネコとの語らい』、『イヌとの語らい』の
2冊に編集してその第一弾として
発行したものです。

深見東州氏の活動についてのお問い合わせは、下記までお願いいたします。
また、無料パンフレット（郵送料も無料）が請求できます。ご利用ください。

お問い合わせ　フリーダイヤル
0120 - 507 - 837

◎ワールドメイト

東京本部	TEL	03-3247-6781
関西本部	TEL	0797-31-5662
札幌	TEL	011-864-9522
仙台	TEL	022-722-8671
東京（新宿）	TEL	03-5321-6861
名古屋	TEL	052-973-9078
岐阜	TEL	058-212-3061
大阪（心斎橋）	TEL	06-6241-8113
大阪（森の宮）	TEL	06-6966-9818
高松	TEL	087-831-4131
福岡	TEL	092-474-0208

◎ホームページ
https://www.worldmate.or.jp

深見東州
(ふかみ とうしゅう)
プロフィール

本名、半田晴久。別名 戸渡阿見《ととあみ》。1951年に、甲子園球場近くで生まれる。㈱菱法律・経済・政治研究所所長。宗教法人ワールドメイト責任役員代表。

著作は、191万部を突破した『強運』をはじめ、ビジネス書や画集、文芸書やネアカ・スピリチュアル本を含め、320冊を越える。CDは112本、DVDは45本、書画は3546点。テレビやラジオの、コメンテーターとしても知られる。

その他、スポーツ、芸術、福祉、宗教、文芸、経営、教育、サミット開催など、活動は多岐にわたる。それで、「現代のルネッサンスマン」と呼ばれる。しかし、これらの活動目的は、「人々を幸せにし、より良くし、社会をより良くする」ことである。それ以外になく、それを死ぬまで続けるだけである。

海外では、「相撲以外は何でもできる日本人」と、紹介される事がある。しかし、本人は「明るく、楽しく、面白い日本人」でいいと思っている。

(2023年9月現在)

ネコとの語らい

2020年 4 月30日　初版第一刷発行　　　定価はカバーに掲載しています。
2024年 3 月31日　初版第四刷発行

監　修　深見東州
発行人　杉田百帆
発行所　株式会社　TTJ・たちばな出版
〒167-0053
東京都杉並区西荻南二丁目二十番九号　たちばな出版ビル
電話　03-5941-2341（代）
FAX　03-5941-2348
ホームページ https://www.tachibana-inc.co.jp/
印刷・製本　株式会社　太平印刷社

ISBN978-4-8133-2654-0
©Toshu Fukami 2020 Printed in Japan

落丁本・乱丁本はお取りかえいたします。

スーパー開運シリーズ

各定価（本体1000円＋税）

●191万部突破のミラクル開運書──ツキを呼び込む四原則

強運

深見東州

あなたの運がどんどんよくなる！

仕事運、健康運、金銭運、恋愛運、学問運が爆発的に開ける。神界ロゴマーク22個を収録！

●84万部突破の金運の開運書。金運を呼ぶ秘伝公開！

大金運

深見東州

あなたを成功させる、金運が爆発的に開けるノウハウ満載！「金運を呼ぶ絵」付き!!

●40万部突破。ついに明かされた神霊界の真の姿！

神界からの神通力

深見東州

不運の原因を根本から明かした大ヒット作。
これほど詳しく霊界を解いた本はない。

●29万部突破。現実界を支配する法則をつかむ

神霊界

深見東州

人生の本義とは何か。
霊界を把握し、真に強運になるための奥義の根本を伝授。

●40万部突破。あなた自身の幸せを呼ぶ天運招来の極意

大天運

深見東州

今まで誰も明かさなかった幸せの法則。
最高の幸運を手にする大原則とは！

●29万部突破。守護霊を味方にすれば、爆発的に運がひらける！

大創運

深見東州

神霊界の法則を知れば、あなたも自分で運を創ることができる。ビジネス、健康、受験、豊かな生活など項目別テクニックで幸せをつかもう。

●46万部突破。瞬間に開運できる！　運勢が変わる！

大除霊

深見東州

まったく新しい運命強化法！マイナス霊をとりはらえば、あしたからラッキーの連続！

●61万部突破。あなたを強運にする！　良縁を呼び込む！

恋の守護霊

深見東州

恋愛運、結婚運、家庭運が、爆発的に開ける！「恋したい人」に贈る一冊。

●46万部突破。史上最強の運命術

絶対運

深見東州

他力と自力をどう融合させるか、究極の強運を獲得する方法を詳しく説いた、運命術の最高峰！

●46万部突破。必ず願いがかなう神社参りの極意

神社で奇跡の開運

深見東州

あらゆる願いごとは、この神社でかなう！　神だのみの秘伝満載！　神社和歌、開運守護絵馬付き。

●スーパー開運シリーズ　新装版

運命とは、変えられるものです！

深見東州

運命の本質とメカニズムを明らかにし、ゆきづまっているあなたを急速な開運に導く！

TTJ・たちばな出版の既刊本　大好評発売中！

国際政治学者・舛添要一が体験的に語る

スマホ時代の6か国語学習法！

舛添要一著

B6判　定価（本体1300円＋税）

保存療法の名医が解決する腎臓病の悩み56

腎臓の透析は、私が止めてみせる！

椎貝クリニック理事長　椎貝達夫著

A5判　2色刷り　定価（本体1300円＋税）

深見東州の本、発売中

◎深見東州の言葉シリーズ

ニャンでもやればできる

社長もビジネスマンもOLもお金に困らない

マネー金猫がやってくる極意

B6判カラー判　定価（本体1000円＋税）

◎深見東州の言葉シリーズ

犬も歩けば棒にオシッコ

迷っているとき、この一言で力がみなぎる、あなたの心のつっかえ棒です

BB6判カラー判　定価（本体1000円＋税）

◎深見東州　ど肝を抜く音楽論

ああ！と驚くアートな随筆

万能のアーティスト・深見東州20余年の音楽活動の集大成

A5判カラー判　定価（本体1300円＋税）

https://www.tachibana-inc.co.jp/

0120-87-3693（10:00〜20:00）　Tel:03-5941-2341　FAX:03-5941-2348

戸渡阿見 短篇小説集
四六判上製本 定価(本体1000円+税)

◎文学界へ衝撃のデビュー作
蜥蜴(とかげ)

◎日本図書館協会選定図書にもなった
バッタに抱かれて

◎戸渡阿見文学第3弾・純文学を極める
おじいさんと熊

戸渡阿見詩集・文庫・カラー版・並製

4冊発売中

猫になれば!
犬の彗星!
ねこ立つ紅茶!
ネコの目玉!

可愛い猫や犬の写真を満載!

各定価(本体1000円+税)

戸渡阿見詩集 **雨の中のバラード**
A6判上製本 定価(本体1200円+税)

中原小也・詩集
いじけないで!
中原小也(戸渡阿見の別名)
豊田ネコタ(戸渡阿見の別名)
戸渡阿見が別名で挑戦した詩集 B6判並製 定価(本体1000円+税)

深見東州 実践的ビジネス書
たちばなビジネス新書

定価(本体809円+税)

◎超一流のサラリーマン・OLになれる本
◎営業力で勝て! 企業戦略
◎具体的に、会社を黒字にする本
◎これが経営者の根性の出し方です
◎入門 成功する中小企業の経営
◎経営者は人たらしの秀吉のように!
◎ドラッカーも驚く、経営マネジメントの極意
◎会社は小さくても黒字が続けば一流だ
◎大企業向けの偏ったビジネス書を読まず、中小企業のための本を読もう!
◎誰でも考えるような事をやめたら、会社はうまく行く。普通じゃない経営しよう!
◎日本型マネジメントで大発展!

TTJ・たちばな出版 〒167-0053 東京都杉並区西荻南2の20の9 たちばな出版ビル

爆売れ中！ TTJ・たちばな出版　深見東州の本

深見東州の言葉 ワンニャン大行進

B6判カラー版各定価(本体1,000円＋税)

シリーズ最新刊
果報はニャコろんで待て！

近刊予定
ニャンピース怪族王の言葉

好評発売中
ニャンでもやればできる
犬も歩けば棒にオシッコ
ネコとの語らい
イヌとの語らい

大好評の新装版

B6判各定価(本体1,000円＋税)

幸せを運ぶ 宝石の伝説（B6判カラー版定価（本体1、456円＋税））
宇宙からの強運
よく分かる霊界常識
背後霊入門
たちまち晴れるその悩み！ vol.1
たちまち晴れるその悩み！ vol.2

目からウロコの生き方本

B6判各定価(本体1,000円＋税)

五十過ぎたら読む本
こどもを持ったら読む本

詩集もイーネ

A6判カラー版各定価(本体980円＋税)

猫になれば！
ねこ立つ紅茶！
ネコの目玉！
犬の彗星！

TTJ・たちばな出版　〒167-0053 東京都杉並区西荻南2-20-9 たちばな出版ビル
☎03(5941)2341　FAX 03(5941)2348